Les bassins et jardins d'eau avec succès

Annette Schreiner

Les bassins et jardins d'eau avec succès

Éditions RUSTICA

Sommaire

Avant-propos .... p. 7

Les bassins surélevés et géométriques
p. 8

Les bassins de style naturel
p. 10

Les bassins miniatures
p. 12

Les jardins aquatiques japonais
p. 14

Les cascades
p. 16

Les fontaines
p. 18

Les ruisseaux
p. 20

Les jets d'eau
p. 22

Autour du bassin : gué, pont, caillebotis...
p. 24

Où placer le bassin ?
p. 26

Installer un bassin préformé
p. 28

Installer un bassin avec une bâche souple
p. 30

Installer un mini-jardin d'eau

p. 32

Choisir et installer une pompe

p. 34

Maintenir la qualité de l'eau

p. 36

Choisir et planter un nénuphar

p. 40

Choisir des plantes flottantes

p. 42

Acclimater les lotus

p. 44

Les plantes de berge vivant les pieds dans l'eau

p. 46

Installer des plantes de berge

p. 48

Les plantes de berge pour sol humide

p. 50

L'éclairage du bassin

p. 52

Les poissons rouges et les carpes koï

p. 54

Les canards, grenouilles et tortues

p. 56

SOS bassin

p. 58

L'année du jardin d'eau .... p. 60

Index .... p. 62

Carnet d'adresses .... p. 64

Nénuphar, Iris pseudacorus *'Variegata'* *et* Darmera peltata.

Avant-propos

Sans doute parce qu'elle est source de vie, l'eau fascine et rassemble. Autour d'elle, l'air est léger, l'atmosphère sereine, la terre fraîche pour accueillir un écrin de plantes luxuriantes et éblouissantes, spécifiques des lieux humides. Le doux murmure d'un ruisseau ou les clapotis joyeux d'une cascade sont des sources intarissables de bonheur. Petite auge, vieux tonneau, fontaine ou bassin d'agrément, peu importe la dimension du point d'eau, sa simple présence est magique.

À peine celui-ci installé, la nature y reprend ses droits. Allongé sur votre caillebotis, les yeux au ras des nénuphars, vous aurez pour vous seul le ballet des libellules, le survol des hirondelles et les ondulations gracieuses des poissons rouges.

Ce *Microcosmos* en version originale est un rêve accessible à tous. Bassins préfabriqués et bâches souples s'adaptent aux divers styles de jardin et peuvent même trouver leur place sur une terrasse ou un balcon.

Bien sûr, au-dessus de ce décor idyllique flottent toujours quelques inquiétudes. L'eau trouble, les moustiques, les fuites... mais ces inconvénients résultent uniquement d'erreurs de conception et peuvent être complètement évités en partant du bon pied et en avançant étape par étape.

C'est dans ce souci de clarté, sans chercher à noyer le poisson, que nous vous proposons de plonger dans le monde fascinant des jardins d'eau.

Les bassins surélevés et géométriques

Dans un jardin classique, le bassin régulier est encadré de plantations symétriques (jardin des Pépinières Planbessin).

- Pour terrasse, petit jardin contemporain, patio ou jardin de style classique
- À placer au niveau du sol ou à surélever d'environ 40 à 50 cm
- Style recommandé pour les petits bassins

Les bassins de forme régulière sont faciles à intégrer dans le décor d'une terrasse de plain-pied, située dans le prolongement d'une habitation. Sur les limites du dallage, ils assurent une transition naturelle entre la partie construite et la suite du jardin. Au milieu de la terrasse ou en façade, sous les fenêtres, ils créent une ambiance « pieds dans l'eau ». Dans un jardin de style classique, ils sont en général placés au centre d'une pelouse et encadrés de haies taillées.

Toutes sortes de dessins géométriques sont réalisables : carré, rectangle, cercle, hexagone, étoile, trèfle…

● Les bâches souples en PVC ou en polyéthylène s'adaptent au plus grand nombre de configurations. Il suffit de découper la bâche dans les angles et de souder les côtés sur place pour épouser les parois sans faire de plis. Un muret en parpaings est souhaitable pour soutenir les parois verticales, surtout si le terrain est meuble.

● Les bassins préfabriqués rigides sont également très pratiques si les dimensions proposées par le fabricant conviennent à votre projet. Ils offrent en tout cas la solution la plus simple pour réaliser un bassin circulaire.

● Pour mettre en valeur un bassin de forme régulière, il est tout à fait possible de l'installer en surélévation par rapport au niveau du sol. Il suffit de l'intégrer à l'intérieur d'un muret décoratif d'environ 40 à 50 cm de hauteur réalisé en pin traité, en traverses de chemin de fer, en briques, en pierres…

Petit bassin surélevé en bois naturel, proposé en kit.

Aménagement des berges : l'étanchéité est assurée par un film souple en PVC maintenu avec du mortier sous la margelle.

Bassin en L dans un jardin contemporain.

Bassin régulier de style mauresque.

Les bassins de style naturel

La mare fleurie des établissements Latour Marliac au Festival des jardins de Chaumont-sur-Loire.

Un bassin inspiré du jardin de Monet à Giverny (Hampton Court).

- Style adapté aux bassins de grande envergure
- À intégrer dans un cadre de verdure luxuriant

Les bassins de forme libre, aux contours sinueux, s'inspirent des pièces d'eau naturelles, mares, étangs, bords de rivière… En prenant quelques précautions, ils peuvent trouver leur place dans de très nombreuses configurations de jardins, urbains ou ruraux.

● Ne craignez pas de voir assez grand. Un bassin de style naturel a besoin d'espace pour que l'illusion soit parfaite. Même si

Les contours souples et irréguliers du bassin épousent les mouvements du terrain.

Une abondante végétation accentue l'effet naturel.

le jardin est de dimensions réduites, la partie aquatique peut occuper une place prépondérante dans l'ensemble du terrain. Par les reflets dans l'eau de la végétation environnante, elle créera une impression d'espace et d'évasion.

● Si vous préférez donner des dimensions modestes à votre bassin, il faut l'imaginer comme un petit coin secret du jardin et l'intégrer dans un décor végétal très dense composé de plantes vivaces à grand développement, de bambous, d'arbustes ou de graminées…

● Le relief des lieux vous aidera à trouver une forme harmonieuse. Sur un sol plat, il est intéressant de créer quelques mouvements de terrain autour du plan d'eau en utilisant la terre extraite de l'excavation du bassin. Un sol en pente offre l'occasion de réaliser des plans d'eau à différents niveaux, liés entre eux par de petites cascades.

Si pour vous, la tonte du gazon est une corvée, remplacez la pelouse par un éblouissant jardin aquatique.

● Les bâches souples en PVC ou en polyéthylène sont les plus utilisées pour les grands bassins naturels. Les bassins rigides préformés aux contours irréguliers conviennent pour les créations plus modestes. Sur les berges, évitez les parties construites – margelles, murets… – et remplacez-les par une végétation naturelle et généreuse, de la pelouse ou quelques galets.

Aménagement des berges : le film en PVC souple remonte en pente douce. Il est replié et enterré dans le sol pour accueillir les plantes palustres.

Les bassins miniatures

Bien intégré sur une terrasse, un mini-bassin circulaire en polyester (1 m de diamètre).

- Pour terrasse, balcon, patio, petit jardin
- Exposition abritée du grand soleil
- À protéger du gel ou à vider durant l'hiver

Ces laitues d'eau (Pistia stratiotes) *flottent à la surface de l'eau, dans un simple pot en terre cuite doublé d'un film en plastique.*

Sur une terrasse ou un balcon, dans un patio ou un petit coin du jardin, les bassins miniatures permettent de réaliser des ambiances rafraîchissantes et apaisantes en occupant un minimum de place.

● Le plus facile est d'utiliser des récipients naturellement étanches : tonneau, poubelle en plastique, auge en pierre, baquet en bois ou en zinc, petit bassin en polyester. Vous pouvez aussi imperméabiliser les contenants décoratifs de votre choix : panier ou manne en osier, poterie, jardinière en bois ou en pierre reconstituée... Utilisez un produit d'étanchéité à épandre au pinceau (grandes surfaces de bricolage) ou un film de plastique souple.

Petit trou d'eau réalisé avec un film souple en PVC, masqué par les galets.

- Les récipients décoratifs (tonneau, baquet, auge, panier, poterie, etc.) sont à préférer sur un balcon ou une terrasse.
- Les récipients de récupération (poubelle, ancienne baignoire…) ou les mini-bassins en polyester doivent être enterrés ou masqués. Il est plus facile de les intégrer dans un jardin.

Ancien tonneau reconverti en mini-bassin pour nénuphars.

Vieille auge alimentée par une fontaine en fonte.

- Un minimum de 10 litres d'eau est nécessaire pour accueillir une plante aquatique (nénuphar nain, sagittaire, iris des marais à feuilles panachées, etc.). Un tonneau de 75 à 100 litres permet de composer un décor comprenant au moins trois plantes et quelques poissons rouges. N'oubliez pas d'y associer une plante oxygénante (*Myriophyllum*, par exemple) pour maintenir la clarté de l'eau.
- Un petit jet d'eau ou une fontaine ajoutent un attrait supplémentaire au mini-bassin. Ils peuvent être envisagés dès que la profondeur du récipient est suffisante pour immerger une petite pompe (25 à 30 cm). En plus d'un agréable murmure, le mouvement de l'eau évite son croupissement.
- Une exposition ensoleillée mais non brûlante ou mi-ombragée est à préférer pour éviter un réchauffement trop important de l'eau durant l'été. En hiver, le mini-bassin doit être vidé ou transporté dans un lieu hors gel (véranda ou serre).

Les jardins aquatiques japonais

Shishi odoshi *ou fontaine basculante dans un jardin japonais miniature.*

Mystère et sérénité, au fil de l'eau.

- Composition idéale pour une terrasse, un patio ou un petit jardin clos
- Accessoires de décor japonais : galets, bambous, lanternes...

L'eau est un élément symbolique des jardins de style japonais. Fontaine en bambou, mini-cascade, miroir de feuillages, carpe koï font partie intégrante de ces décors pleins de fantaisie, de charme et de mystère. Ils nous offrent de belles sources d'inspiration, faciles à adapter dans nos jardins.

Ballet de carpes koï (Oasis).

La roue tourne dans un joyeux clapotis (Oasis).

● De simples détails et un souci des finitions suffisent pour donner une touche japonaise au jardin aquatique. De nombreux accessoires de décor sont couramment proposés dans les jardineries et les magasins spécialisés : fontaines en bambou, galets, lanternes japonaises, etc.

● Le style japonais créé une atmosphère originale, sereine et dépaysante. Il s'intègre sans aucune contre-indication aux jardins urbains, aux terrasses, aux patios et aux petits espaces clos. Dans un grand jardin, c'est un parti à prendre pour l'ensemble de la création : il convient mieux à l'environnement d'une habitation contemporaine qu'à celui d'une maison rurale.

L'installation d'une fontaine basculante

Le *shishi odoshi*, utilisé à l'origine par les fermiers japonais pour éloigner les cerfs et les sangliers, est une fontaine basculante sonore. Une petite pompe alimente en eau un bambou vertical ou un tuyau en cuivre. L'eau se déverse dans un autre bambou d'environ 60 à 90 cm de longueur, pivotant sur un axe. Lorsqu'il est complètement rempli, l'eau retombe rapidement dans un petit bassin, au sol. Cette chute entraîne le basculement du bambou qui vient frapper une pierre ou un autre bambou dans un claquement bref et retentissant. L'eau est ensuite récupérée par la pompe immergée et le cycle continue.

Mini-cascade en bambou.

Jeu d'eau à la japonaise (Festival des jardins de Chaumont-sur-Loire).

Les cascades

- Améliore l'oxygénation de l'eau du bassin
- Ambiance reposante, rafraîchissante, vivante
- Prévoir une pompe immergée et une alimentation électrique à proximité du bassin

Cascade pour bassin surélevé.

Vivantes et toniques, les cascades animent en beauté les jardins aquatiques. Elles créent une atmosphère rafraîchissante et couvrent de leur chant les bruits environnants. De plus, l'eau en mouvement s'oxygène plus facilement, pour le plus grand bien du bassin.

Pierres ruisselantes et murmures apaisants.

INSTALLER UNE CASCADE

1. Enterrez le tuyau d'alimentation derrière la cascade.
2. Masquez la sortie du tuyau avec quelques galets.
3. Placez la pierre plate sur un film d'étanchéité en plastique.
4. Cascade terminée, intégrée dans la végétation.

● Techniquement, une petite cascade est très simple à réaliser : une pompe est immergée au fond du bassin et reliée à un tuyau dirigeant l'eau vers un point surélevé, sur l'une des berges. L'eau circule toujours en circuit fermé.

● La chute d'eau est ensuite réalisée avec une pierre plate ou quelques roches posées sur une bâche souple en PVC. Pour que l'eau tombe en un rideau régulier, choisissez une dalle bien lisse. Pour qu'elle s'écoule au contraire en douceur, adoptez une roche ronde et polie. Si vous utilisez des modules de cascade préfabriqués, veillez à bien les intégrer dans le décor, avec des pierres et des plantes tapissantes.

● L'eau peut tomber en cascade d'un autre bassin surélevé, d'un petit ruisseau, d'un rocher, d'un muret ou d'une touffe de végétation.

● Selon la hauteur de la chute d'eau, le chant de la cascade sera plus ou moins puissant. Ne dépassez pas 20 cm de dénivellation si vous ne désirez qu'un doux murmure. La largeur de la cascade dépend de l'effet recherché. Elle doit cependant rester proportionnelle aux dimensions de votre bassin.

● Les cascades s'adaptent à tous les styles de bassins, naturel, géométrique, japonais et miniature. La terre extraite pour l'installation du bassin peut être utilisée pour réaliser la chute d'eau, en un seul ou plusieurs niveaux successifs.

● Les plantes aquatiques flottantes comme les nénuphars n'appréciant pas les remous, pensez à les installer à au moins 1 m de la chute d'eau.

Placez la pompe assurant la circulation de l'eau le plus près possible de la chute d'eau.

Fontaine bain d'oiseaux (Jardin des 5 sens, Yvoire).

Les fontaines

- Pour tous les styles de jardins, terrasses ou patios
- Grand choix d'éléments décoratifs en fonte, en pierre reconstituée…
- Prévoir une pompe immergée et une alimentation électrique à proximité du bassin

Leur délicat murmure et les gouttelettes qu'elles dispersent joyeusement créent une animation pleine de fraîcheur. Si vous manquez d'espace pour installer un véritable jardin aquatique, les fontaines offrent une solution de remplacement peu encombrante et simple à installer.

● Les fontaines à bras qui servaient autrefois à pomper l'eau des puits peuvent être mises en scène de différentes manières, au niveau du sol sur un lit de galets ou en hauteur sur un socle en pierre ou en bois. Le principe de fonctionnement est identique à celui des cascades : une pompe immergée placée dans un baquet ou dans un mini-bassin installé à la base de la fontaine dirige l'eau vers son goulot. L'eau circule toujours en circuit fermé.

Fontaine en pierres disposées en cratère (Oasis).

Installation d'une fontaine décorative contre un mur.

● De nombreux modèles de fontaines à bras – copies d'anciens modèles – sont commercialisées dans les jardineries et les grandes surfaces de bricolage. Vous pouvez également choisir une fontaine murale en fonte, une statue en pierre reconstituée ou un simple tuyau en cuivre sortant d'un mur (voir croquis).

● Les pierres percées ruisselantes sont davantage utilisées dans les jardins urbains et les décors de style contemporain : une ancienne meule de récupération ou une copie réalisée en pierre reconstituée est placée sur une grille, au-dessus d'une poubelle ou d'une citerne enterrée dans le sol. Au fond de celle-ci, une pompe immergée alimente un petit jet d'eau dirigé au centre de la pierre percée.

Ancienne meule utilisée en fontaine.

Fontaine à bras en fonte et tonneau de récupération.

Les ruisseaux

Profitez d'une légère pente pour installer votre ruisseau (Oasis).

- Film souple en PVC et galets pour la réalisation
- Une pompe immergée au fond du bassin recycle l'eau à la source du ruisseau

Masquez les bords et le fond du ruisseau avec des galets. Unifiez l'ensemble avec du gravier.

Poétiques et champêtres, les ruisseaux permettent d'étendre le décor aquatique sur une grande partie du jardin. Ils n'exigent pas nécessairement un grand espace mais une légère pente – 2 à 5 cm par mètre – est indispensable pour l'écoulement de l'eau. Ils s'inscrivent naturellement dans les jardins de rocaille et peuvent tout aussi bien agrémenter une pelouse ou une prairie fleurie.

● Choisissez le parcours du ruisseau en même temps que l'emplacement du bassin, afin de former un ensemble cohérent. La terre extraite du trou du bassin vous permettra de créer des mouvements de terrain. Le tracé du ruisseau doit être sinueux mais sans courbes excessives. Aidez-vous d'un tuyau d'arrosage pour visualiser sur le terrain le parcours le mieux adapté.

Installez des plantes de sol humide sur les rives du ruisseau.

L'eau ruisselant au contact de l'air s'oxygène naturellement et reste limpide.

● Le point de départ du ruisseau peut être matérialisé par un groupe de rochers ou dissimulé au cœur d'une touffe de feuillage. Il doit être situé dans la partie haute du jardin, le bassin étant quant à lui installé à un niveau plus bas.

● Prévoyez une largeur moyenne de 30 à 50 cm et une profondeur de 10 à 25 cm sur toute la longueur du ruisseau.

● Pour éviter les problèmes de ravinement, l'eau doit s'écouler en douceur. Pour cela, ménagez une pente légère, entrecoupée éventuellement d'un ou de plusieurs paliers en cascade.

● Les films souples en PVC se prêtent aisément à la réalisation des ruisseaux. Pour calculer la largeur nécessaire, ajoutez environ 60 cm à celle du ruisseau, 30 cm étant nécessaires sur chaque rive.

● Maintenez les bordures du film d'étanchéité de votre ruisseau avec des galets ou des pierres rondes. Pour bien l'intégrer dans un cadre naturel et vivant, garnissez abondamment les berges de plantes pour sol humide (voir pages 50-51).

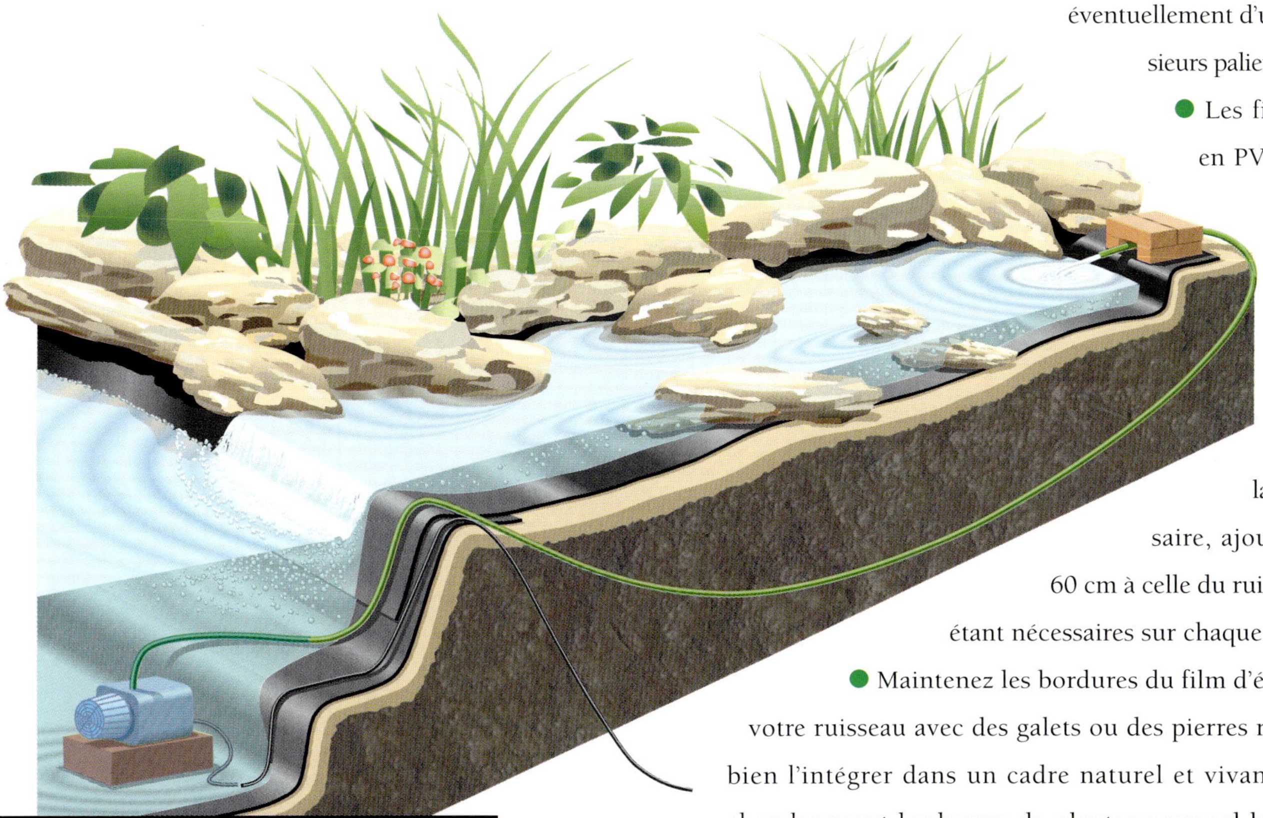

Aménagement d'un ruisseau : l'eau circule en circuit fermé ; la pompe est immergée dans le bassin.

Les jets d'eau

Tonique et élégant, le jet volcan (Oasis).

- À éviter dans les bassins plantés
- Grand choix de buses, pour tous les styles
- Hauteur du jet à régler en fonction du vent et du niveau sonore

Romantique, la grenouille en fonte.

Une pompe immergée au fond d'un bassin ou d'un baquet suffit pour créer un jet d'eau. Le choix des buses ou des ajutages permet d'obtenir toutes sortes de mouvements d'eau, bouillonnant, en cloche, en gerbe..., que l'on peut régler en hauteur et en diamètre.

● Un simple jet d'eau participe beaucoup plus qu'on ne l'imagine à l'atmosphère du jardin aquatique. Si vous décidez d'en faire une animation principale, placez-le au centre du bassin, en choisissant un dispositif adapté au style du jardin. Les jets

Discret, le poisson cracheur.

Contemporain, le jet bouillonnant.

Installation d'un jet d'eau. La pompe, placée sur des briques, est immergée au fond du bassin.

fusants dits « volcans » sont plutôt classiques, les bouillonnants et les cloches sont plus contemporains.

- L'animation sonore d'un jet d'eau peut être agréable ou dérangeante, selon sa puissance, la sensibilité des personnes, l'emplacement du bassin. Tenez compte de ce critère avant de fixer votre choix.
- Tout comme les cascades et les ruisseaux, les jets d'eau favorisent l'oxygénation de l'eau et contribuent à l'équilibre biologique du bassin. Ils sont appréciés des poissons rouges s'ils ne sont pas trop puissants. En revanche, les fines gouttelettes qui retombent et les remous en surface contrarient les plantes aquatiques, en particulier les espèces flottantes (nénuphar, *Aponogeton*, jacinthe d'eau, etc.). Plus doux, les jets en cloche et les petits filets d'eau fusant d'une figurine sont mieux adaptés aux bassins garnis de plantes. Ces dernières devront être installées à au moins 1 m de la retombée d'eau.
- Pour éviter de vider le bassin ou d'être éclaboussé, surtout en cas de vent, il est préférable de placer la pompe immergée au centre du bassin. Réglez ensuite son débit pour que la hauteur du jet soit inférieure à la distance séparant le point de départ du jet du rebord du bassin.
- Vous pouvez ajouter une ou plusieurs dérivations sur une pompe alimentant un jet d'eau pour mettre en place figurines ou statuettes. Des robinets permettent de régler le débit d'eau de chaque élément.
- Les jets d'eau fonctionnant de façon intermittente, il est conseillé de les installer sur une pompe indépendante du système de filtration. Ils sont en général garantis contre le gel mais il vaut mieux les débrancher durant l'hiver.

Reposant, le jet en cloche.

Autour du bassin : gué, pont, caillebotis...

Un gué, pour marcher sur l'eau.

- Adapter ces constructions au style du bassin
- Utiliser des matériaux décoratifs : pierre, béton gravillonné, briques, bois
- Prévoir un vide d'air sous le caillebotis

Pont en bois lasuré dans un petit jardin urbain.

Ces constructions spécifiques des jardins aquatiques enrichissent le décor tout en rendant les abords de la pièce d'eau plus accueillants. Elles invitent à découvrir le bassin sous d'autres angles, à s'attarder pour observer le mouvement des poissons ou l'éclosion des fleurs et à goûter pleinement la sérénité du lieu.

● Les gués sont des passages en pointillé qui traversent le bassin – ou le ruisseau – et donnent la délicieuse sensation de marcher sur l'eau. Le support immergé peut être constitué de parpaings, de buses en ciment ou de blocs en béton hydrofugé coulés sur place. Un feutre imputrescible doit être placé

Une banquette ponctuée de « trous d'eau » encadre ce bassin surélevé.

Sobre et chaleureux, le caillebotis crée une ambiance « pont de bateau » autour du bassin.

entre ces éléments et la bâche d'étanchéité du bassin. Choisissez des matériaux de surface non glissants que vous scellerez sur les supports immergés : dalles carrées ou rondes en béton gravillonné, pierres naturelles, etc. Les joints de scellement devront être traités avec un mastic silicone pour limiter les dégâts provoqués par le gel. Un écart de 50 à 60 cm du centre d'une dalle à l'autre correspond à une enjambée moyenne.

● Le pont assure une liaison plus rassurante, d'une berge du bassin à l'autre. Il doit être parfaitement intégré dans le décor aquatique et situé dans le prolongement d'une allée ou d'un sentier. Le bois est sans aucun doute le matériau le plus facile à travailler et à adapter « sur mesure ». La couleur de finition dépend du style recherché : rouge (japonais), noir (contemporain), vert pâle (romantique), naturel (rustique)... Les dimensions courantes des ponts de jardin sont d'environ 2 à 4 m de longueur sur 60 cm à 1,20 m de largeur.

INSTALLER UN CAILLEBOTIS

1

2

3

4

Composé de lattes de bois (Iroko), ce caillebotis forme une plage confortable sur l'une des rives du bassin. Dimension des lames : 9 cm de largeur, 2,5 cm d'épaisseur au moins.

1. Sur le sol cimenté, fixez des tasseaux en bois goudronné, tous les 50 cm. Ils assurent une circulation d'air et évitent la pourriture du bois.
2. Vissez les lattes du caillebotis sur ce support.
3. Maintenez le film PVC du bassin par une réglette métallique vissée dans le béton avant la pose du caillebotis. Utilisez une petite cale en bois pour conserver un écartement régulier entre les lattes.
4. Découpez les dernières lattes au fur et à mesure pour les adapter au contour du dallage.

Où placer le bassin ?

Sur la pelouse, bien encadré de verdure

Au fond du jardin, comme un miroir.

- Exposition ensoleillée mais non brûlante
- Sécurité et qualités esthétiques accrues près de la maison
- Éviter l'ombrage des grands arbres, surtout pour les petits bassins

La diversité des formes et des styles de bassins permet d'envisager toutes les situations : au cœur d'un dallage, sur une pelouse, dans une rocaille, à proximité de la maison, en façade, au fond du jardin…, et ce, quel que soit le climat. Un certain nombre de considérations doivent cependant être prises en compte avant de passer à la réalisation du projet.

- À proximité de la maison, vous profiterez davantage des plaisirs du jardin aquatique ; la sécurité est aussi plus facile à assurer si vous avez de jeunes enfants. Au fond du jardin, le bassin devient un lieu d'évasion et de méditation.
- Un bassin de style naturel aux contours irréguliers s'inscrit plus volontiers au creux d'un vallonnement ou en contrebas du terrain. Un bassin géométrique est plus facile à intégrer dans un dallage ou sur un terrain plat engazonné.

Dans une clairière lumineuse (Landes).

Intégré dans une terrasse contemporaine (création François Bonnin).

● Dans tous les cas, une arrivée d'eau et une alimentation électrique sont à prévoir à proximité du bassin.

● Une situation bien exposée avec un minimum de 6 heures d'ensoleillement par jour est nécessaire pour l'équilibre d'un bassin garni de plantes et de poissons.

● La proximité d'un arbre diffusant un léger ombrage (bouleau, *Gleditschia*, robinier, etc.) durant les heures chaudes de l'été est cependant utile pour éviter la surchauffe de l'eau et sera appréciée des nombreuses plantes de berge qui redoutent les situations brûlantes. Évitez toutefois de placer votre bassin sous un grand arbre (marronnier, platane) ou sous un conifère à aiguilles (pin, par exemple).

● Le passage d'un engin de terrassement (mini-pelleteuse) doit être possible si vous envisagez d'aménager un grand bassin.

● Plus le plan d'eau est vaste, plus l'équilibre biologique est facile à réaliser.

Au creux d'un mouvement de terrain (création Guy Lainé).

En façade, visible depuis le salon (création Guy Lainé).

Installer un bassin préformé

Pensez à masquer les parois du bassin préformé avec une petite bordure, un dallage, des plantes tapissantes ou du gazon.

- Formes libres ou géométriques, faciles à installer
- En PVC rigide ou en polyester armé
- Préférer les coloris sombres ou neutres

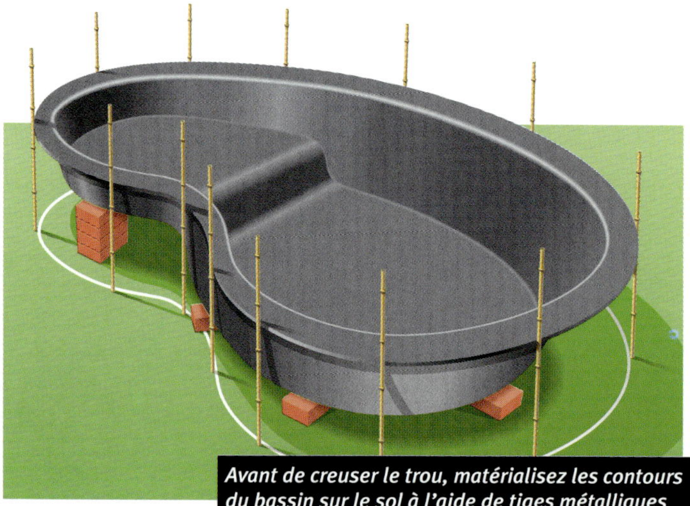

Avant de creuser le trou, matérialisez les contours du bassin sur le sol à l'aide de tiges métalliques (fer à béton) ou de tuteurs en bambou.

Faciles à installer, fiables et très résistants, les bassins préformés sont proposés en formes libres ou géométriques, dans des volumes variant de 500 à 5 000 litres. Vous avez le choix entre deux types de matériau : le PVC rigide – coloris sombres – et le polyester armé de fibre de verre – translucide ou teinté. Certains modèles ne sont toutefois pas très bien conçus, en particulier au niveau des encoches de plantation, pas assez profondes ou pas assez larges pour installer les paniers de plantes aquatiques. Aussi, restez vigilant.

INSTALLER UN BASSIN SUR UNE PELOUSE

1. Creusez une excavation en prévoyant environ 10 à 15 cm de plus que les dimensions réelles du bassin.

2. Étalez sur le fond du trou une couche de sable fin que vous nivellerez au râteau.

3. La surface d'accueil du bassin doit être régulière et stable. Damez-la avec une planche en bois.

4. Positionnez le bassin.

5. Vérifiez sa parfaite horizontalité avec un niveau à bulle.

6. Glissez du sable autour des parois du bassin pour le caler, tout en contrôlant son horizontalité.

7. Commencez à remplir le bassin pour le stabiliser, puis tassez le sable du pourtour avec le jet d'eau.

8. Avec des traverses de chemin de fer ou des pierres, ménagez une petite jardinière sur le bord du bassin. Garnissez-la de plantes vivaces.

9. Installez quelques plantes aquatiques sur le fond du bassin.

Installer un bassin avec une bâche souple

Pour masquer la bâche en PVC, le fond du bassin est recouvert de galets, les bordures sont habillées d'un caillebotis et de plantes tapissantes.

- Pour petit et grand bassin, régulier ou naturel
- Doublure de feutre imputrescible
- Assemblage par soudure à chaud (polyéthylène et PVC) ou collage (PVC uniquement)

Les bâches souples en PVC ou en polyéthylène sont les matériaux les plus créatifs pour la réalisation d'un bassin. Très robustes et élastiques, ils peuvent être soudés à l'air chaud pour s'adapter à toutes les formes – géométriques ou naturelles – et aux grandes surfaces (plus de 1 000 m^2). Pour calculer les dimensions nécessaires, prenez la longueur de votre bassin. Ajoutez à cette mesure la profondeur du bassin multipliée par deux. Ajoutez encore 2 x 40 cm pour les rebords. Faites la même opération avec la largeur du bassin. Une épaisseur de 0,8 mm est suffisante pour un petit bassin.

INSTALLER UN BASSIN GÉOMÉTRIQUE SUR UNE TERRASSE

1. Réalisez les parois verticales en parpaings. Laissez le fond en terre battue et recouvrez-le d'une couche de sable fin.
2. Étalez un feutre de protection imputrescible sur le fond et les parois du bassin. Découpez les angles pour éviter les plis.
3. Positionnez la bâche souple en PVC.
4. Repliez la bâche dans les angles et découpez-la afin de bien l'ajuster.
5. Raccordez les deux parties dans l'angle du bassin en les soudant à l'aide d'un pistolet à air chaud. Pressez les parties en contact avec une roulette de tapissier.
6. Soudez un petit morceau de bâche en forme de chapeau sur le bord de quatre parpaings. Vous les collerez ensuite en renfort dans les coins, à la base de chaque angle du bassin.
7. Étalez des galets sur le fond du bassin pour masquer le PVC.
8. Remplissez d'eau et laissez le film souple prendre sa place durant quelques jours.
9. Repliez et découpez la bâche en PVC sur le bord du bassin. Fixez-la avec une réglette métallique vissée dans le béton.

Installer un mini-jardin d'eau

En fleur tout l'été, les jacinthes d'eau flottent librement à la surface de l'eau.

● Matériel : un panier en osier, un rameau souple de noisetier ou de saule, une bâche en PVC (0,5 mm d'épaisseur), une brique, un mètre, une paire de ciseaux ou un cutter, deux ou trois plantes aquatiques

Vous n'avez pas de jardin – simplement une cour, un patio, un balcon –, vous rêvez d'un décor original et rafraîchissant, simple à entretenir : ce panier de plantes aquatiques est pour vous. Il vous suffira de le placer dans un endroit lumineux, exposé au soleil durant au moins 6 heures par jour. Deux précautions méritent aussi d'être soulignées : installez votre panier à l'endroit définitif avant de le remplir d'eau car il sera ensuite difficile à transporter ; faites vos plantations lorsque la température ambiante est douce, à partir de mai-juin jusqu'au mois d'août.

Le choix du panier

Il doit être esthétique, très solide pour résister au poids de l'eau et d'un volume suffisant pour installer deux ou trois pots. Une profondeur moyenne d'environ 25 à 30 cm est indispensable. Les mannes rondes et les grandes panières rectangulaires en osier conviennent parfaitement. Vous pouvez également utiliser d'autres récipients tels que tonneau, grand pot en terre cuite, etc.

Les plantes pour jardin miniature

● **Espèces oxygénantes immergées** : *Ceratophyllum demersum*, *Myriophyllum*.

● **Plantes élancées** : *Acorus calamus* 'Variegatus' (feuillage panaché), *Carex* (feuillage léger), *Pontederia cordata* (fleurs bleues), *Sagittaria sagittifolia* ou sagittaire (feuilles vert tendre en forme de fer de lance, *Typha minima* (petits épis bruns), *Zantedeschia aethiopica* ou arum d'Éthiopie (fleurs blanches).

● **Plantes flottantes** : *Azolla caroliniana* (feuilles très finement découpées), *Eichhornia crassipes* ou jacinthe d'eau (fleurs mauves), *Lemna minor* ou lentille d'eau (colonies de petites feuilles rondes), *Nymphaea pygmaea* (fleurs jaunes, rouges ou blanches), *Pistia stratiotes* ou laitue d'eau (feuillage en petit cœur)…

L'entretien

● **De juin à octobre** : coupez régulièrement les fleurs et les feuilles fanées ; l'eau s'évaporant rapidement durant les fortes chaleurs, contrôlez le niveau d'eau.

● **En hiver** : videz la moitié de l'eau et rentrez le panier à l'abri du gel. Vous pouvez aussi prendre le parti de changer le décor chaque année. D'origine tropicale, les jacinthes et les laitues d'eau peuvent être conservées en appartement (18 °C), dans de la tourbe humide ou bien dans un aquarium, avec un éclairage d'appoint.

L'AMÉNAGEMENT D'UN PANIER

1. Découpez un morceau de bâche étanche aux dimensions suivantes : longueur = longueur + (2 x profondeur du panier). Largeur = largeur + (2 x profondeur du panier).

2. Positionnez la bâche d'étanchéité à l'intérieur du panier.

3. Formez un arceau avec un rameau souple de noisetier ou de saule. Glissez-le en force pour maintenir la bâche contre les parois du panier.

4. Tendez bien la bâche, versez un peu d'eau au fond du panier, puis découpez la bâche tout autour du panier.

5. et 6. Posez une brique pour installer les plantes élancées (*Acorus*, *Carex*) sous 2 à 5 cm d'eau. Les plantes flottantes (nénuphars) et les plantes oxygénantes peuvent être posées sur le fond du panier.

7. Remplissez d'eau jusqu'au bord du panier.

8. Ce jardin miniature comprend 1 *Carex*, 1 *Acorus* 'Variegatus', 1 *Myriophyllum*, 1 jacinthe d'eau.

Choisir et installer une pompe

La puissance de la pompe doit être adaptée à la largeur et à la hauteur de la cascade.

- Permet de faire circuler l'eau en circuit fermé
- À installer au fond du bassin, surélevée sur une brique pour éviter le contact avec la vase
- Nettoyer régulièrement la crépine de la pompe

Une pompe de bassin est un accessoire incontournable pour créer des mouvements d'eau, du simple jet à la cascade en passant par le ruisseau, la fontaine, la pierre ruisselante ou la gargouille. Elle sert aussi à aspirer et à diriger l'eau du bassin vers un filtre et s'avère donc nécessaire même si vous ne souhaitez obtenir aucun mouvement d'eau apparent.

Comment ça marche ?

Les pompes de bassin fonctionnent à l'électricité, en 220 volts (modèles puissants) ou en 24 volts basse tension (modèles de faible puissance). Elles sont peu bruyantes et ne consomment généralement pas plus qu'une simple ampoule (la puissance exprimée en watts varie selon les modèles). Une boîte de raccordement électrique étanche à la pluie, avec mise à la terre, doit être installée à proximité du bassin, dans un endroit accessible mais discret. La mise en marche de la pompe se fait à partir d'un interrupteur ou d'une télécommande. Cette dernière permet d'alterner jets d'eau, cascade ou fontaine.

Il existe des pompes de surface – de moins en moins utilisées – et des pompes submersibles. Celles-ci sont plus simples à installer mais elles ne doivent jamais fonctionner hors de l'eau sous peine d'être endommagées. Les pompes sont conçues pour

Pompe pour jet d'eau (Celloplast).

Pompe pour recyclage de l'eau vers un filtre (Celloplast).

fonctionner en permanence – sauf en période de gel – et sont généralement garanties durant 2 à 3 ans.

Évaluez vos besoins

Inutile de faire des calculs savants pour choisir la pompe la mieux adaptée à vos besoins. Les magasins spécialisés possèdent des graphiques très bien conçus et il suffira que vous sachiez répondre aux questions du vendeur :

- **Jet d'eau** : notez la hauteur maximale souhaitée et le style désiré (jet en cloche, bouillonnant, volcan, etc.). Certaines pompes perfectionnées possèdent un variateur de débit permettant de régler la hauteur du jet en continu (réglage possible à l'aide d'une télécommande).
- **Cascade** : mesurez la largeur de votre chute d'eau et le dénivelé entre le niveau de la pompe et celui de la cascade.
- **Ruisseau** : notez sa largeur, le dénivelé entre le niveau de la pompe et le point de départ du ruisseau, la longueur du parcours du ruisseau. Vérifiez que le diamètre du tuyau de sortie de la pompe est d'au moins 30 à 40 mm, afin d'éviter les pertes de charge si le ruisseau dépasse 5 m de longueur.
- **Ruisseau et cascade combinés** : faites les mêmes relevés et précisez si la cascade et le ruisseau sont sur le même parcours ou séparés.
- **Fontaine** : mesurez la hauteur entre le niveau de la pompe immergée et le robinet de la fontaine.
- **Pierre percée ou ancienne meule** : mesurez son diamètre. Prévoyez un débit de 1 litre par minute et par centimètre (pour une pierre de 50 cm de diamètre, demandez une pompe ayant un débit de 50 litres/minute).
- **Filtration** : certaines pompes sont spécialement conçues pour capter l'eau du bassin et la diriger vers un filtre. Elles doivent être capables de recycler le volume total du bassin en 2 à 3 heures au maximum.
- **À savoir** : une seule pompe peut faire fonctionner en même temps un filtre et une cascade ou un jet d'eau et une fontaine. En revanche, il est préférable d'installer deux pompes séparées si vous désirez équiper le bassin d'un jet d'eau (fonctionnement intermittent) et d'un filtre (fonctionnement permanent).

Une petite pompe alimente le jet d'eau qui jaillit de cette ancienne meule.

Maintenir la qualité de l'eau

L'opacité de l'eau est due aux algues microscopiques en suspension.

- Les plantes aquatiques jouent un rôle essentiel
- Elles consomment les nitrates
- De plus, les espèces immergées enrichissent l'eau en oxygène

Au début, le bassin est rempli d'eau claire, provenant en général de la ville. Tout va bien durant quelques semaines. Mais petit à petit, des déchets (feuilles mortes, débris de plantes, excréments des poissons) vont s'accumuler. Dans une eau riche en oxygène, ces matières organiques se transforment en éléments nutritifs (nitrates) assimilables par les plantes du bassin. Si la transformation des matières organiques est complète et si les plantes sont suffisamment nombreuses pour consommer les nitrates, l'eau reste claire. En revanche, si l'eau est appauvrie en oxygène, les ennuis commencent. Une partie de la matière organique se dépose au fond du bassin et forme une couche de vase. Celle-ci est le terreau favori des algues microscopiques, vertes ou brunes. Invisibles à l'œil nu mais très nombreuses, elles sont responsables de l'opacité de l'eau. En été, sous l'effet de la chaleur et de l'ensoleillement, l'eau s'appauvrit en oxygène et la prolifération des algues est accélérée.

Un équilibre à trouver

- Il est plus facile de maintenir la limpidité de l'eau dans un grand bassin – plus de 10 m² – que dans un minuscule trou d'eau. La surface en contact avec l'air étant plus grande, l'oxygénation de l'eau est meilleure.

L'EAU DEVIENT TROUBLE QUAND IL Y A :

- Trop de déchets organiques en suspension.
- Pas assez de plantes aquatiques.
- Une mauvaise oxygénation de l'eau.
- Un dépôt de vase entraînant la prolifération d'algues microscopiques.

La limpidité de l'eau est plus difficile à maintenir en été.

- Pour enrichir l'eau du bassin en oxygène, installez des plantes aquatiques immergées (plantes oxygénantes) et créez des mouvements d'eau (jet, cascade, ruisseau).
- Pour éviter l'excès de matières organiques, ne placez pas le bassin sous un grand arbre (feuillu ou conifère), limitez le nombre de poissons et l'excès de nourriture, ramassez les déchets en surface avec une épuisette, n'apportez aucun engrais aux plantes aquatiques.
- Pour éliminer les nitrates résultant de la décomposition des matières organiques, garnissez le bassin de nombreuses plantes aquatiques.

Les plantes oxygénantes

Elodea canadensis, Hippuris vulgaris, Hottonia palustris, Myriophyllum spicatum, Potamogeton natans..., toutes ces espèces peuvent être installées entre 25 cm et 1 m de profondeur. Leur feuillage est en grande partie immergé et rejette de l'oxygène directement dans l'eau du bassin. De ce fait, elles limitent la prolifération des algues et sont utiles aux poissons rouges.

Les plantes oxygénantes sont vendues soit en petits godets, soit par petites bottes de tiges, sans racines. Plantez-les comme les nénuphars (voir page 40), dans un pot en plastique ajouré, et placez-les dans la partie la plus profonde du plan d'eau. Comptez un plant pour 2 à 4 m^2 de bassin. L'entretien se limite à des éclaircissages réguliers – il suffit de tirer sur les tiges – pour limiter le développement de ces plantes souvent très envahissantes.

Hippuris vulgaris.

Myriophyllum spicatum.

Cascades et ruisseaux favorisent l'oxygénation de l'eau.

Des solutions efficaces

● **Le filtre** : son rôle est de capter et de traiter les particules en suspension dans l'eau du bassin. Il est conçu pour abriter et accélérer le développement naturel des bactéries chargées de transformer les déchets organiques en éléments nutritifs assimilables par les plantes aquatiques. Les modèles volumineux, à installer à l'extérieur du bassin, sont les plus efficaces. Le choix se fait en fonction du volume d'eau du bassin. Les filtres sont faciles à installer mais demandent un entretien et un nettoyage réguliers.

POUR ASSURER UNE BONNE LIMPIDITÉ DE L'EAU :

- Choisissez un filtre du commerce ou un système d'épuration biologique.
- Installez une lampe UVC.
- Traitez la vase avec des bactéries.
- Éliminez les débris végétaux flottant en surface.

● **L'épuration naturelle** : l'eau du bassin est pompée et dirigée vers un autre petit bassin placé en surplomb. Ce dernier, de 40 cm de profondeur environ, est rempli de pouzzolane. Après avoir traversé la pouzzolane, l'eau s'écoule dans une zone de marécage garnie de plantes aquatiques gourmandes (*Carex*, joncs, massettes…), puis, complètement nettoyée, elle revient à son point de départ dans le bassin. Prévoyez un bac de 1 m^3 de pouzzolane pour un bassin de 10 m^3. Pour une bonne épuration, l'eau doit circuler lentement avec une pompe dont le débit ne dépasse pas 300 litres/heure. Ce dispositif fonctionne sans entretien mais son installation est plus complexe que celle d'un filtre.

● **La lampe UVC** : elle joue un rôle complémentaire à celui du filtre. L'eau du bassin est pompée et dirigée dans une boîte étanche contenant une lampe diffusant des rayons ultraviolets. Ces derniers détruisent les algues microscopiques et les bactéries. La lampe se place hors du bassin et entre la pompe et le

Une eau claire est le résultat d'un bon équilibre biologique (création Guy Lainé).

filtre, lequel recueille et traite les micro-organismes irradiés. La pompe doit pouvoir recycler le volume d'eau complet du bassin en 2 à 3 heures pour que la lampe agisse efficacement. L'eau devient complètement limpide 3 à 4 semaines après la mise en fonctionnement de la lampe.

- **Les bactéries** : chargées de réduire le volume de la vase en dépôt au fond du bassin, elles se présentent sous la forme de

Le plaisir d'admirer les poissons en transparence.

poudre à dissoudre dans l'eau, environ deux fois par an, au printemps et en automne.

- **Les produits détruisant les mousses et les algues** : ils sont en général toxiques pour la faune aquatique, n'agissent qu'à court terme et représentent des traitements coûteux. Il est préférable de rechercher un meilleur équilibre biologique du bassin et d'utiliser une lampe UVC.

À noter :

- Les algues microscopiques qui rendent l'eau opaque ne sont pas dangereuses pour les poissons mais elles masquent la lumière aux plantes immergées.
- Après la construction du bassin, il faut quelques mois pour que les plantes aquatiques jouent pleinement leur rôle et que l'eau se clarifie.

Une pompe submersible, un filtre biologique et une lampe UVC sont des accessoires indispensables pour assurer la limpidité de l'eau.

La lampe UVC, enfermée dans un boîtier, irradie les bactéries et les algues microscopiques.

Choisir et planter un nénuphar

Nénuphar 'Mme Wilfon Gonnère', la perfection faite fleur.

- Plantation d'avril à septembre
- Floraison estivale. Le feuillage disparaît en hiver
- Exposition ensoleillée
- Choisir la variété selon la profondeur du bassin

Du mois de mai à la fin de l'été, les nénuphars (*Nymphaea*) illuminent les pièces d'eau de leurs corolles multicolores. Les fleurs s'ouvrent le matin vers 10 heures et se referment vers 18 heures. Elles ne durent que 3 jours mais leur renouvellement est constant si le bassin est bien ensoleillé.

Les critères de choix

- **La couleur** : les nénuphars sont disponibles dans une très large palette de variétés, du blanc pur au rouge foncé, en passant par le jaune, le rose, le mauve…
- **La vigueur** : il existe des nénuphars de toutes les tailles, du lilliputien pour bassin miniature aux géants pour les étangs, avec toute une gamme de dimensions intermédiaires. Il est donc primordial, lorsque vous choisissez une variété, de vous informer sur son développement futur afin de vous assurer qu'elle est adaptée au volume de votre bassin.
- **La rusticité** : les variétés rustiques supportent les froids de toutes les régions de France. Les nénuphars exotiques peuvent être cultivés dans un bassin de plein air en été – dans les régions de climat doux – mais il est impératif de les rentrer sous abri chauffé (serre ou véranda) durant l'hiver.

● **La profondeur de plantation** : il s'agit de la hauteur comprise entre la surface du pot contenant le nénuphar et la surface de l'eau. Une profondeur de 30 à 45 cm convient pour la majorité des espèces, le minimum étant de 10 cm pour les lilliputiennes et le maximum d'environ 1 m pour les plus vigoureuses.

À savoir :

● Les nénuphars s'épanouissent mieux en situation ensoleillée, dans les eaux calmes, à l'écart des cascades et des jets.

● Un seul pied couvre environ 1 m² (variétés de croissance moyenne) et peut vivre plusieurs dizaines d'années.

Selon les variétés, les rhizomes des nénuphars se développent horizontalement, verticalement ou légèrement en biais. Respectez bien leur direction naturelle lors de la plantation.

LA PLANTATION ÉTAPE PAR ÉTAPE

La meilleure époque pour planter se situe du mois d'avril jusqu'en septembre. La floraison commence dès la première année de plantation. Divisez les touffes tous les 4 ans.

1. Pour un nénuphar de développement moyen, choisissez un pot en plastique ajouré de 30 à 40 cm de côté et de 20 à 25 cm de profondeur. Doublez les parois intérieures d'un feutre ou d'une toile imputrescible.
2. Remplissez le pot de terre pour plantes aquatiques (en sac) ou d'une bonne terre argileuse.
3. Enterrez le rhizome du nénuphar en surface, verticalement, en biais ou horizontalement selon l'espèce. Calez-le et couvrez la terre avec des graviers ou des petits galets.
4. Immergez le pot de nénuphar sur des briques empilées afin qu'il ne soit recouvert que de 20 cm d'eau au début. Vous le descendrez ensuite progressivement de 15 cm par mois jusqu'au fond du bassin.

Choisir des plantes flottantes

Nuphar lutea convient pour les grands bassins et les étangs de 40 cm à 3 m de profondeur. Floraison parfumée estivale.

- Décoratives et efficaces contre les algues
- À planter en pot, posé au fond du bassin
- Ou à laisser dériver en surface
- Soleil ou ombre légère

Pour tenir compagnie aux nénuphars et varier les plaisirs, bien d'autres plantes aquatiques peuvent être installées dans un bassin. Leurs feuilles décoratives ou leurs fleurs colorées qui flottent en surface comme des petits radeaux ombragent le plan d'eau. De ce fait, elles limitent le développement des algues et protègent les poissons.

La jacinthe d'eau dérive à la surface de l'eau. Pour jardins aquatiques miniatures et bassins de toutes tailles. Non rustique.

Comment les installer ?

● **En pot** : c'est la solution la plus pratique et la plus simple pour cultiver ces plantes où bon vous semble, au centre ou sur les bords du bassin. Les pots ajourés en plastique de 15 à 25 cm de profondeur et de 25 à 30 cm de côté conviennent pour la plupart des espèces flottantes : *Aponogeton*, *Nuphar*, *Orontium*... Pour la plantation, procédez comme pour les nénuphars (voir page 41) et à la même époque.

● **En surface** : la jacinthe d'eau *(Eichhornia crassipes)*, la laitue d'eau *(Pistia stratiotes)*, la châtaigne d'eau *(Trapa natans)*, *Azolla caroliniana*, la lentille d'eau *(Lemna trisulca)* sont des plantes flottantes dérivantes. Il suffit de les déposer à la surface du bassin, sans pot ni terre, lorsque l'eau s'est bien réchauffée – à partir du 15 mai dans le nord de la France.

La châtaigne d'eau flotte librement sur les eaux calmes et peu profondes (20 à 40 cm). Annuelle, elle peut se ressemer naturellement en climat doux.

À savoir :

● Les plantes flottantes ne doivent pas couvrir plus de 50 à 60 % de la surface du bassin. Comptez une plante par mètre carré.

● Respectez la profondeur de plantation des espèces rustiques. Elles passeront ainsi l'hiver dans le bassin sans problème.

● Les espèces d'origine tropicale comme la jacinthe *(Eichhornia crassipes)* ou la laitue d'eau *(Pistia stratiotes)* craignent le gel. Vous pouvez les conserver à l'abri durant l'hiver dans un aquarium ou une petite vasque, dans une serre, une véranda ou une pièce lumineuse.

Aponogeton *fleurit au printemps et en automne, se montre discret en été et garde son feuillage en hiver. Profondeur : 5 à 40 cm.*

Original, Orontium aquaticum, *surnommé bougie flottante. Floraison au printemps. Profondeur : 0 à 40 cm.*

Acclimater les lotus

La luxuriance exotique des lotus, au parc floral de la Court d'Aron (Vendée).

Symbole de pureté, le lotus sacré d'Asie (Nelumbo nucifera *'Rosea'*) s'épanouit en juillet-août.

- Profondeur idéale du bassin : 60 à 80 cm
- Exposition ensoleillée
- Terre riche et argileuse
- Protéger le rhizome du gel en l'immergeant sous 30 à 40 cm d'eau

Les pieds plongés dans la vase, les fleurs tendues vers le ciel, le lotus est une fleur symbole qui sait faire voyager notre imaginaire. Sous ses allures tropicales, il est capable de supporter les grands froids, pourvu que son rhizome ne soit pas atteint par le gel. Selon les espèces, les fleurs sont rose pâle ou carmin, jaunes ou blanches, mais le lotus bleu imaginé par Hergé pour l'une des aventures de Tintin est pure fiction.

Les conditions de la réussite

● Prévoyez un contenant d'environ 30 à 40 cm de profondeur et 60 cm de diamètre : bac en plastique ajouré doublé d'une toile, poubelle, buse en ciment… Vous pouvez aussi ménager un compartiment spécial pour vos lotus, intégré dans votre bassin au moment de la construction.

● Les lotus étant des plantes à grand développement (80 cm à 1 m de hauteur) très envahissantes, veillez à les installer à l'écart des nénuphars et des autres végétaux aquatiques : un seul pied occupe rapidement 2 à 3 m^2.

● Pour être protégé du gel, le rhizome doit être immergé sous 30 à 40 cm d'eau (selon les régions). La profondeur idéale du bassin se situe donc entre 60 et 80 cm.

● Une exposition ensoleillée ainsi qu'un climat assez chaud sont nécessaires pour obtenir une belle floraison.

La plantation

● La meilleure période de plantation va de mars-avril à juillet.

● Les plants en conteneur offrent de meilleures chances de reprise que les rhizomes nus. Leur prix plus élevé est justifié.

Très cassants, les rhizomes traçants du lotus doivent être manipulés avec précaution au moment de la division ou de la plantation.

● Gourmand, le lotus demande un sol riche et consistant pour s'épanouir en beauté. Plantez-le dans de la terre argileuse enrichie d'engrais organiques (corne broyée et poudre d'os marine).

● Sur une terrasse ensoleillée, le lotus peut être cultivé dans un baquet ou un grand tonneau de 60 cm de profondeur. Remplissez le fond de terre aquatique (en sac) jusqu'à 20 à 30 cm de hauteur. Installez votre plant. Couvrez la terre de graviers puis remplissez le baquet d'eau. Rentrez-le sous abri, hors gel, pendant l'hiver. Faites des apports d'engrais deux à trois fois par an.

Les fruits en forme de pomme d'arrosoir du lotus sont utilisés dans les bouquets secs.

Lotus d'Amérique à fleur jaune (Nelumbo lutea).

Les plantes de berge vivant les pieds dans l'eau

Un grand nombre de plantes à feuillage décoratif vivent les pieds dans l'eau. Ici, Glyceria maxima *'Variegata'.*

- Plantes vivaces et rustiques
- Grande variété de feuillages et de fleurs, du printemps à l'automne. Rien en hiver
- Tenir compte des dimensions du bassin

Décoratives et variées, les plantes palustres s'épanouissent les pieds dans l'eau, le feuillage et les fleurs au soleil. La majorité d'entre elles sont des espèces vivaces et rustiques, très faciles à cultiver.

Pontederia cordata *s'épanouit tout l'été.*

Quelques précautions à prendre

- Répartissez les plantes par taches sur les bords du bassin. Harmonisez les feuillages panachés ou spectaculaires et les floraisons colorées.

Iris laevigata ou iris d'eau. Floraison en juin.

Lysichitum americanum. Floraison en mars-avril. Feuilles géantes.

● Ne surchargez pas trop le décor. Laissez une partie des berges du bassin dégagée pour pouvoir admirer les poissons et les plantes flottantes.

● Les plantes de berge se propagent rapidement par leurs rhizomes traçants. Dans les petits bassins, il est préférable de les installer dans des pots ou des paniers ajourés individuels afin de mieux contrôler leur développement.

● Maintenez le pied des plantes constamment immergé sous 10 à 15 cm d'eau en moyenne.

● **Variez les plaisirs** : selon l'ambiance recherchée, vous pouvez créer un effet de masse avec une ou deux espèces spectaculaires ou jouer sur les contrastes en associant des couleurs et des silhouettes différentes.

Notre sélection

● **Fleurs** : *Alisma plantago, Butomus umbellatus, Caltha palustris, Iris laevigata* et *pseudacorus, Jussieua, Pontederia, Ranunculus flammula* (renoncule), *Typha* (massette).

● **Feuillage** : *Acorus calamus* 'Variegatus', *Equisetum* (prêle), *Glyceria* 'Variegata', *Juncus* (jonc), papyrus, *Scirpus, Sagittaria*.

Pour un petit bassin, papyrus et *Acorus calamus* 'Variegatus'.

Dans un bassin de style naturel, roseau, iris d'eau et renoncule flammette en mélange.

Installer des plantes de berge

- Éviter les expositions brûlantes en été
- Prévoir graviers ou petits galets en surface pour ne pas salir l'eau
- N'ajouter ni fumier décomposé, ni engrais à la terre de plantation

***Iris sibirica** cultivé en pot, dissimulé sous des pierres.*

Les plantes de berge sont en général faciles à vivre et sans entretien particulier. Si vous prenez soin de respecter leurs besoins essentiels, vous les verrez s'épanouir durant de nombreuses années.

La plupart d'entre elles apprécient une bonne luminosité mais craignent le soleil brûlant. Un léger ombrage durant les heures les plus chaudes de la journée en été est conseillé pour les espèces les plus sensibles : *Lysichitum, Pontederia*…

Comment procéder ?

La meilleure période pour la plantation se situe du début du printemps à l'automne.

- **En pleine terre** : les berges du bassin doivent être pourvues d'une corniche de plantation d'environ 25 à 30 cm de profondeur et d'une largeur de 30 cm à plus de 1 m, selon la surface du plan d'eau. Les films d'étanchéité souples se prêtent facilement à ce genre de réalisation (voir dessin p. 11).
- **En pot** : les plantes doivent être installées dans des récipients – buse en ciment, poubelle, pot en plastique ajouré, bac… – d'environ 12 à 20 cm de profondeur. Les berges du bassin peuvent être découpées en escalier pour permettre une disposition régulière des pots à faible profondeur sur le pourtour du plan d'eau. Il existe des modèles de bassins préfabriqués rigides conçus pour cet usage.

LA PLANTATION ÉTAPE PAR ÉTAPE

Matériel : conteneur ou pot en plastique ajouré, terre de jardin argileuse ou terre aquatique en sac, toile ou feutre poreux imputrescible, graviers ou petits galets.

Papyrus : à placer au bord du bassin de mai-juin à octobre. À rentrer sous abri, hors gel, en hiver.

1. Ne laissez pas la plante dans son petit pot d'origine. Rempotez-la dans un conteneur d'environ 25 à 30 cm de diamètre.

2. Évitez de casser la motte. Placez-la bien au centre du conteneur.

3. Couvrez la terre de surface avec des graviers pour éviter de salir l'eau du bassin.

Pontederia : rustique, cette plante peut rester sur les berges du bassin en permanence.

1. Doublez l'intérieur du pot en plastique ajouré de toile de jute pour retenir la terre aquatique. Installez la plante sans abîmer la motte.

2. Après avoir tassé la terre autour de la motte, découpez la toile de jute autour du pot. Masquez la terre avec des petit galets.

3. Immergez le pot aussitôt après la plantation.

À prévoir : avant la mise en eau, dans un bassin à parois verticales, empilez quelques briques afin d'installer les plantes de berge à faible profondeur. Placez au fond un petit morceau de feutre imputrescible pour protéger le PVC.

Les plantes de berge pour sol humide

Autour d'une cascade, Iris pseudacorus, Zantedeschia *et* Hosta *forment un écrin de verdure.*

- Plantation en mars-avril
- Soleil ou ombre selon les espèces
- Terre argileuse et lourde
- Créent un écrin naturel autour du bassin

L'environnement proche du bassin est une zone privilégiée pour installer toutes sortes de plantes au feuillage exubérant, aux fleurs légères et lumineuses. Cette flore originale vous aidera à intégrer votre bassin ou votre ruisseau dans le décor du jardin.

Les épis jaune d'or de la lysimaque (Lysimachia punctata) *s'épanouissent tout l'été.*

Comment vivent-elles ?

Il faut bien distinguer les plantes de berge que l'on peut installer les pieds dans l'eau (voir pages 46-47) et les plantes vivaces qui

En juin, astilbe, iris de Sibérie et trolle d'Europe illuminent les massifs.

se plaisent dans les sols frais et humides. Ces dernières poussent en pleine terre, autour d'un bassin ou le long d'un petit ruisseau. Elles peuvent être momentanément inondées mais leurs racines ne supportent pas de se trouver en permanence dans l'eau. Elles acceptent en outre de courtes périodes de sécheresse.

Autour de ce bassin, la nature se décline en une large palette de fleurs colorées et de feuillages spectaculaires.

Polygonum bistorta 'Superba' est apprécié pour sa très longue floraison estivale.

Les conditions de la réussite

● Pour créer une zone humide autour de votre bassin, utilisez le trop-plein de ce dernier. Pour cela, ménagez une ou plusieurs encoches horizontales de 10 à 20 cm de largeur sur les berges, environ 1 à 2 cm sous le niveau du bord du bassin. Après la pluie, l'eau du bassin débordera ainsi vers les massifs de plantes de berge.

● Un système d'arrosage en goutte-à-goutte est un complément indispensable au trop-plein pour maintenir le sol humide durant les périodes de sécheresse. Les tuyaux peuvent être aisément masqués sous les feuillages ou la bordure du bassin.

● Avant de planter, améliorez le sol avec de la terre aquatique argileuse ou de la tourbe, du terreau et un engrais organique complet.

● Plantez de préférence au début du printemps.

Notre sélection

● **Fleurs** : *Astilbe, Filipendula ulmaria* (barbe de bouc), *Geum* (benoîte), *Iris kaempferi, Iris sibirica, Geranium palustris, Ligularia, Lobelia cardinalis, Lysimachia punctata, Myosotis palustris, Polygonum bistorta, Primula vialii, Trollius europaeus* (trolle d'Europe), *Zantedeschia aethiopica* (arum d'Éthiopie).

● **Feuillage** : *Carex, Darmera peltata, Gunnera, Hosta, Miscanthus, Osmunda regalis* (fougère royale), *Petasites, Phalaris, Rheum palmatum* (rhubarbe d'ornement), *Rodgersia, Sarracenia.*

Répartissez les sources de lumière : une borne sur la berge met en relief les feuillages ; un spot immergé au fond du bassin illumine la petite cascade.

L'éclairage du bassin

- Luminaires basse tension (12 volts)
- Prévoir une boîte de raccordement étanche à la pluie pour brancher le transformateur
- Pour le fond du bassin : spots étanches submersibles

La nuit ajoute une note de mystère au jardin aquatique. Quelques éclairages bien placés suffisent pour révéler la magie des lieux et créer une atmosphère fascinante qui embellira vos soirées d'été.

Où placer les sources lumineuses ?

- Repérez les formes et les mouvements d'eau qui méritent un coup de projecteur : une petite cascade, un feuillage bien dessiné (gunnera, papyrus, rhubarbe…), une fontaine, un rocher, un gué ou un petit pont, la silhouette d'un saule pleureur, etc.
- Limitez-vous à ces points précis et intéressants. Il est en effet important de conserver des zones d'ombre pour obtenir

Éclairage réalisé avec un kit basse tension (Lightline Gardena).

Illuminez en priorité les zones de passage et les gués.

un effet de contraste et accentuer le côté mystérieux. Attention de ne pas briser le charme en éclairant tout le plan d'eau sous un grand lampadaire.

- Dissimulez autant que possible les luminaires ou les spots dans la végétation, derrière une pierre ou des galets. Un éclairage dirigé de bas en haut met davantage en relief les plantes et les constructions.
- Placez une ou plusieurs sources d'éclairage directement dans l'eau du bassin, au pied d'une cascade, d'un jet d'eau ou sous une touffe de nénuphar. L'effet est magique. Pour votre sécurité, utilisez des spots étanches submersibles conçus pour cet usage.

INSTALLER UN KIT D'ÉCLAIRAGE

1

2

3

4

1. Les kits d'éclairage basse tension (12 volts) ne demandent aucune compétence technique et assurent une sécurité totale. Ils sont tout à fait adaptés aux jeux de lumière des jardins aquatiques.
2. Répartissez les luminaires (spots, bornes, boules, etc.) et reliez-les au câble d'alimentation partant du transformateur basse tension.
3. Un tournevis et une paire de ciseaux suffisent pour monter les connexions sur lesquelles se branchent les luminaires.
4. Il ne reste plus qu'à cacher le câble sous le caillebotis ou la margelle du bassin et à fixer les luminaires.

Les poissons rouges se plaisent en compagnie des nénuphars.

Les poissons rouges et les carpes koï

- Utiles pour l'équilibre biologique du bassin
- Ont besoin d'une eau riche en oxygène
- Profondeur minimale du bassin : 50 cm (poissons rouges), 1 m (koï)

Leurs couleurs et leurs mouvements font partie des plaisirs du jardin d'eau. De plus, ils participent activement à l'équilibre biologique du milieu et nous débarrassent des larves de moustiques.

Les conditions de la réussite

Les poissons de bassin sont en général plus résistants que les sujets d'aquarium. Il convient cependant de respecter quelques règles pour les accueillir dans les meilleures conditions.

● **Profondeur du bassin** : un minimum de 50 cm est nécessaire pour éviter une prise en glace complète de l'eau et conserver une

Les carpes koï exigent une nourriture spécifique pour conserver leurs belles couleurs (Oasis).

Prévoyez un bassin profond et évitez les plantes flottantes pour les carpes koï.

zone protégée pour les poissons rouges durant l'hiver. Les carpes koï exigent quant à elles une profondeur de 1 m à 1,20 m sur au moins 1 m^2.

● **Plantes aquatiques** : les espèces immergées et flottantes servent de refuge aux poissons rouges et les protègent des fortes chaleurs en été. En revanche, les carpes koï sont trop remuantes et dérangeantes pour les plantes flottantes. Entre les deux, vous devrez faire un choix ou séparer le bassin en deux zones.

● **Oxygène** : l'eau du bassin doit être bien oxygénée pour permettre aux poissons de respirer. Pensez aux mouvements d'eau (cascade, jet…) et laissez les plantes oxygénantes se développer avant d'introduire les poissons. En hiver, veillez à maintenir une ouverture à l'air libre si la surface du bassin est prise en glace. Au besoin, installez une petite pompe à oxygène, en particulier pour les carpes koï, très exigeantes sur ce point.

● **Densité** : pour éviter un déséquilibre du milieu aquatique, ne dépassez pas le seuil d'un poisson rouge pour 50 litres d'eau et d'une carpe koï pour 1 000 litres.

● **Nourriture** : les poissons rouges trouvent facilement de quoi se sustenter dans l'eau du bassin (larves d'insectes). Vous pouvez bien sûr leur apporter de temps en temps un complément alimentaire spécifique à condition d'éviter les excès. Tous les granulés doivent disparaître en 5 minutes. Plus voraces, les carpes koï doivent être alimentées deux ou trois fois par jour – en petite quantité – avec des produits riches en protéines contenant des vitamines et des pigments. Ces derniers permettent de conserver leurs belles colorations. En hiver, lorsque la température est inférieure à 6 °C, cessez tout apport de nourriture aux poissons rouges comme aux carpes koï.

● **Abris** : en plus des plantes immergées, placez une brique creuse, un morceau de tuyau en terre cuite ou une petite boule de grillage au fond du bassin. Ils serviront de supports pour les pontes et de refuges pour les alevins

L'ACCUEIL DES POISSONS

- Introduisez les poissons lorsque l'eau commence à se réchauffer, en avril-mai. Dans un nouveau bassin, il faut attendre que les plantes se développent (juin-juillet).
- Pour éviter les chocs thermiques, laissez flotter en surface le sac contenant les poissons pendant une demi-heure environ avant de les libérer.

Les canards, grenouilles et tortues

Pour les canards, prévoyez une plage dégagée et engazonnée à proximité du bassin.

Les crapauds calamite sont de précieux alliés qui consomment un grand nombre de larves nuisibles.

- Berges en pente douce
- Plantes de marécage en abondance
- Abri pour les canards
- Bassin profond pour l'hivernage de la tortue

Les jardins d'eau offrent des conditions idéales pour accueillir quelques animaux familiers fort sympathiques. Il est important de respecter leurs besoins sans que cela porte préjudice aux plantations.

Quelques précautions à prendre

- Avant d'introduire des animaux dans votre jardin aquatique, patientez environ 1 an pour que la végétation ait le temps de s'enraciner profondément.
- Respectez l'espace vital de chaque animal. La tortue de Floride peut se contenter d'un simple baquet ou d'un mini-jardin

Les cygnes arrachent les plantes aquatiques de leur bec puissant. Seuls les grands plans d'eau peuvent les accueillir.

La tortue de Floride apprécie les bains de soleil.

aquatique. Prévoyez un petit étang ou un grand bassin d'au moins 25 m^2 pour un couple de canards, et d'au moins 50 m^2 pour un couple de cygnes.

Les hôtes du bassin

● **Canards** : préférez les espèces d'ornement qui n'abîment pas la végétation comme la sarcelle d'hiver, les canards mandarin et carolin. Limitez leur nombre pour éviter qu'ils ne polluent le jardin avec leurs déjections. Pour les garder à demeure, faites rogner ou éjointer les ailes par un vétérinaire. Prévoyez un nichoir ou une hutte. Aménagez les berges du bassin en pente douce ou installez un petit ponton pour faciliter leurs déplacements entre la berge et le plan d'eau. Nourrissez les canards une fois par jour avec un mélange de céréales et de farine de poissons.

● **Tortue de Floride** : cette tortue peut vivre seule et en parfaite harmonie avec les poissons rouges. Inutile de la nourrir, elle se débrouillera seule en attrapant larves d'insectes ou d'amphibiens et alevins. Elle consomme également les algues et les jeunes pousses de plantes. Elle hibernera sans problème au fond du bassin si sa profondeur est suffisante (50 cm). Prévoyez un petit ponton (berge, dalle, plante aquatique en pot) car elle aime se dorer au soleil en été.

● **Grenouilles et crapauds** : ils arrivent par leurs propres moyens lorsque les conditions leur sont favorables. Les berges abondamment plantées d'espèces palustres (acore, jonc, iris des marais) sont leur milieu de prédilection. Ils se nourrissent seuls en consommant un grand nombre d'insectes. Leur coassement peut être gênant si le bassin est proche d'une habitation.

Dans un bassin de plus de 25 m^2, un couple de canards et la flore aquatique font bon ménage.

La grenouille verte mâle émet de bruyants coassements.

SOS bassin

Feuille de nénuphar dévorée par des larves d'insectes (galéruques). Les poissons vous aideront à limiter leur prolifération.

- Pour éviter les parasites, il faut créer un bassin équilibré et vivant avec des plantes, des poissons, des mouvements d'eau
- Éviter les produits de traitement, dangereux pour la faune aquatique

Dans un bassin comme au jardin, il vaut mieux chercher à identifier les causes des problèmes – insectes, maladies, eau trouble… – que de s'acharner à lutter à grand renfort de produits.

Dans la plupart des cas, il suffit de modifier l'organisation des plantations pour que tout rentre dans l'ordre.

Quelques problèmes faciles à identifier

● **Algues filamenteuses** : elles forment de longs filaments verts qui s'accrochent aux parois du bassin et aux pots de plantation. Cause : plan d'eau exposé au plein soleil et eau trop riche en éléments nutritifs. *Remèdes* : augmentez la densité des plantes flottantes pour ombrer la surface de l'eau, limitez le dépôt des matières organiques (feuilles mortes) dans le bassin. Si le plan d'eau est assez grand (25 m^2), introduisez des carpes herbivores (amours blancs) très friandes de ces algues.

Ne laissez pas les feuilles mortes des plantes aquatiques se décomposer dans l'eau. Vous éviterez ainsi la prolifération des algues.

Coupez les feuilles de nénuphar dévorées par les larves d'insectes et écrasez ces dernières sur le bord du bassin.

Feuilles de nénuphar découpées : certaines larves d'insectes montrent un appétit féroce pour cette plante. Retournez la feuille (face en contact avec l'eau) et vous découvrirez les minuscules coupables (1 mm environ). *Remèdes* : coupez les feuilles attaquées et écrasez les larves. Évitez de traiter avec un insecticide, surtout si le bassin est peuplé de poissons.

Pucerons sur les nénuphars : ces petits insectes noirs se plaquent en colonie sur les feuilles et les boutons floraux. *Remèdes* : nettoyez les feuilles au jet d'eau pour immerger les pucerons. Les poissons se chargeront de les manger.

Les problèmes moins apparents

Manque d'oxygène : les poissons nagent en surface et risquent de s'asphyxier à la longue, les matières organiques se décomposent mal, la vase se dépose au fond du bassin. *Remèdes* : la chaleur réduisant la dissolution de l'oxygène dans l'eau, ajoutez régulièrement de l'eau fraîche durant les périodes de chaleur estivale. Replantez des espèces aquatiques immergées. Installez une pompe à oxygène.

Excès de nitrates : à forte concentration dans l'eau du bassin, les nitrates et les nitrites peuvent devenir toxiques pour les poissons et provoquer une invasion brutale d'algues filamenteuses et microscopiques. *Remèdes* : changez rapidement la moitié de l'eau du bassin. Cherchez les causes du problème (voir pages 36 à 39).

Moustiques : ils sont attirés par les eaux troubles stagnantes mais peu présents si l'eau est claire et en mouvement. *Remèdes* : installez une pompe pour créer un jet d'eau ou une cascade. Introduisez des poissons et protégez les grenouilles qui se chargeront de manger les larves.

Les algues filamenteuses s'accrochent d'abord sur les rochers et les berges du bassin. Elles s'arrachent facilement à la main ou à l'aide d'un râteau à gazon en éventail.

En été, si le bassin est exposé en plein soleil, la prolifération des algues est très rapide et difficile à contrôler. Installez davantage de plantes flottantes pour les concurrencer.

L'année du jardin d'eau

JANVIER

- Le bassin tout entier hiverne. Les poissons ont cessé de se nourrir et les plantes sont en repos végétatif.

FÉVRIER

- Coupez les feuillages desséchés des plantes vivaces situées autour du jardin d'eau (graminées).
- Plantez arbres et arbustes (saule, peuplier, aulne, cyprès chauve) au bord des étangs et des grands plans d'eau.

MARS

- Curez le bassin si l'envasement du fond est important, en moyenne une fois tous les 5 ans.
- Installez et divisez les plantes vivaces sur les berges humides (voir liste page 51).

AVRIL

- Remettez en service la pompe, le système de filtration du bassin, la lampe UVC. Vérifiez le fonctionnement des cascades, jets d'eau, fontaines, ruisseaux. Commencez la plantation des espèces aquatiques.
- Épandez des bactéries pour dissoudre la vase.

MAI

- Poursuivez les plantations et divisez les espèces aquatiques (nénuphar, lotus, plantes immergées oxygénantes).
- Commencez à nourrir les poissons.

JUIN

- Arrosez les plantes de berge en cas de sécheresse prolongée. Éliminez les algues filamenteuses.
- Installez les plantes d'origine tropicale : jacinthe d'eau, *Pistia*, papyrus, nénuphar exotique…
- Supprimez quelques feuilles sur chaque nénuphar pour favoriser la floraison.

JUILLET

- Surveillez les attaques de pucerons et de larves rongeuses de feuilles sur les nénuphars.
- Compensez l'évaporation du bassin au tuyau d'arrosage. Laissez l'eau déborder sur les berges pour arroser les plantes palustres. Nettoyez la crépine et l'entrée de la pompe immergée.

AOÛT

- Surveillez régulièrement le niveau d'eau du bassin.
- Coupez au fur et à mesure les feuilles abîmées des plantes aquatiques.

SEPTEMBRE

- Éliminez les algues et limitez la végétation des plantes flottant en surface pour ne pas priver de lumière les espèces immergées, utiles pour l'oxygénation de l'eau.
- Épandez des bactéries pour dissoudre la vase.

OCTOBRE

- Éliminez les feuilles mortes régulièrement avec une épuisette ou un râteau à gazon en éventail. Ou bien recouvrez le bassin d'un filet de protection.
- Rentrez les plantes aquatiques gélives (papyrus, jacinthe d'eau) sous abri.

NOVEMBRE

- Avant les premières gelées, mettez le bassin en hivernage. Débranchez la pompe et le filtre. Rentrez la lampe UVC. Laissez flotter un petit fagot de brindilles (rameaux de noisetier, tiges de roseau) pour éviter la prise en glace totale de l'eau sur la surface du bassin. Cessez de nourrir les poissons.

DÉCEMBRE

- Plantes aquatiques, poissons, tortues de Floride peuvent passer l'hiver sans problème si la profondeur du bassin atteint 40 à 60 cm. Veillez à maintenir une ouverture dans la glace pour éviter l'asphyxie des poissons.

Index

Les chiffres en gras renvoient aux illustrations.

Acore 57
Acorus calamus 33, **47**
Algues 36, 39, 42, 58, **59**, 61
Alisma plantago 47
Aponogeton 23, **43**
Arbustes 11, 60
Arrosage 51, 61
Arum d'Éthiopie 33, 51
Astilbe **51**
Auge en pierre 12, **13**
Azolla caroliniana 33, 43
Bâches
  en polyéthylène 8, 11, 30
  en PVC 8, **11**, **13**, 17, 20, 25, **30**, 32, 48
Bactéries 38, 60
Balcon 12, 32
Bambous 11
Barbe de bouc 51
Bassins
  en bois **9**
  circulaires 12
  contenance 13
  emplacement 26
  ensoleillement 13, 26, 32, 40, 44, 48, 50, 58
  entretien 60
  géométriques 8, 26, 28, 30
  grands 10, 30
  miniatures 12, 32
  petits 9, 30
  préformés 9, 11, **28**, 48
  de style naturel 10, 26, 30
  surélevés 8, **9**, **16**, **25**
Benoîte 51
Bois, murets en 9
Briques 9, 24, 32, 41, 49, 55
Butomus umbellatus 47
Caillebotis 24, **25**, **30**, 53
Caltha palustris 47
Canards **56**, **57**
Carex 33, 38, 51
Carpes
  herbivores 58
  koï 14, **15**, 54, **55**
Cascades 11, 14, **16**, 21, 34, 41, **50**, **52**, 59, 60
Ceratophyllum demersum 32
Châtaigne d'eau **43**
Cygnes **57**
Darmera peltata 6, 51
Eau
  échauffement de l' 13
  évaporation de l' 33, 61
  oxygénation de l' 16, **21**, 23, 36, **38**, 54, 59, 61
  trouble 36, 38, 59
Éclairage 52
Eichhornia crassipes 33, 43
Elodea canadensis 37
Engrais 45, 48, 51
Equisetum 47
Étanchéité **9**, 12, **17**, 21
Feutre imputrescible 24, 30, 41, 49
Filipendula ulmaria 51
Filtration, système de 22, 34, **38**, 60
Fontaine **13**, **18**, 34, 52, 60
  basculante 15
Forme du bassin 8, 10
Fougère royale 51
Galets **13**, 14, 18, 20, **30**, 41, 48, 53
Gel 12, 23, 25, 33, 35, 43, 44, 49, 61
Geranium palustris 51
Geum 51
Glyceria maxima **46**
Graminées 11, 60
Gravier **20**, 41, 45, 49
Grenouilles **57**, 59
Gué **24**, 52, **53**
Gunnera 51, 52
Haies 8
Hippuris vulgaris **37**
Hosta **50**, 51
Hottonia palustris 36

Iris
kaempferi 51
laevigata **47**
pseudacorus 6, 47, **50**
sibirica **48**, 51
Iris
d'eau **47**
des marais 13, 57
de Sibérie 48, **51**
Jacinthe d'eau 23, **32**, 33, **42**, 43, 60
Japonais, style 14, 25
Jet d'eau 13, 22, 23, 34, 41, 53, 60
Jonc 38, 47, 57
Juncus 47
Jussieua 47
Laitue d'eau **12**, 33, 43
Lampe UVC 38, **39**, 60
Lanterne japonaise 14
Lemna
minor 33
trisulca 43
Lentille d'eau 33, 43
Ligularia 51
Lobelia cardinalis 51
Lotus **44**, **45**, 60
d'Amérique à fleur jaune **45**
sacré d'Asie **44**
Lysichitum americanum **47**, 48
Lysimachia punctata **50**, 51
Lysimaque **50**
Massette 38, 47
Meule de pierre 35
Miscanthus 51
Moustiques 54, 59
Murets 9, 11
Myosotis palustris 51
Myriophyllum 13, 32
spicatum **37**
Nelumbo
lutea **45**
nucifera **44**
Nénuphar 13, 17, 23, 33, **40**, **41**, 45, 53, **54**, **58**, **59**, 60
Nitrates 36, 59
Nuphar 43
lutea **42**
Nymphaea 40
pygmaea 33
Orontium 43
aquaticum **43**
Osmunda regalis 51
Panier 12, 32, **33**
Papyrus **47**, 52, 61
Parpaings 9, 24, 30
Patio 8, 12, 14, 18, 32
Pelouse 8, 11, 20, **26**, 29
Petasites 51
Phalaris 51
Pierre 9, 24, 29
Pistia stratiotes **12**, 33, 43
Plantes
de berge 46, 50
entretien 33, 37, 60, 61
flottantes 17, 23, 33, 43, 55, 58
maladies et parasites 58, 59
oxygénantes 13, 32, 33, 37, 55, 60
palustres **11**, 57
plantation 37, 41, 42, 45, 48, **49**
pour sol humide **21**, 50, 51
vivaces 11, 46, 50, 60
Poissons rouges 13, 23, 37, **54**, 59, 60
Polygonum bistorta 51
Pompe 13, 16, **17**, 18, 20, **21**, 22, 23, 34, 38, **39**, 55, 59, 60
Pont **24**, 52
Pontederia cordata 33, **46**, 48
Potamogeton natans 37
Poteries **12**
Pouzzolane 38
Prêle 47
Primula vialii 51
Pucerons 59, 61
PVC *voir* Bâches
Ranunculus flammula 47
Récipients de récupération 12, **19**, 45, 48
Renoncule 47
flammette 47
Rheum palmatum 51
Rhubarbe d'ornement 51, 52
Rocailles 20, 26
Rodgersia 51
Roseau **47**
Ruisseaux 20, 34, 50, 60
pente des 21
Sagittaire 13, 33
Sagittaria 47
sagittifolia 33
Sarracenia 51
Scirpus 47
Sécurité 26, 53
Statues 19, 23
Terrasses 8, 12, 14, 18, **27**, **31**
Terre pour plantes aquatiques 41, 45, 50
Toile de jute 49
Tonneau 12, **13**, 32, 45
Tortues 56, **57**, 61
Trapa natans 43
Traverses de chemin de fer 9, 29
Trolle d'Europe **51**
Trollius europaeus 51
Typha 47
minima 33
Vase 36
Vent 22
Zantedeschia aethiopica 33, **50**, 51

Carnet d'adresses

Alisma, « La Ville »,
09160 Taurignan Castet.
Tél. 05 61 66 77 63
(Plantes aquatiques et de berge.)

Aquatic Bezançon, « Moulin de la Follaine », 37310 Azay-sur-Indre.
Tél. 02 47 92 58 39
(Plantes aquatiques et de berge.)

Aquatique de la Moine, Le Pas Nantais,
44190 Gétigné.
Tél. 02 40 54 74 65
(Lotus en conteneur, nénuphar, plantes aquatiques variées.)

Celloplast, 13, route de Préaux,
53340 Ballée.
Tél. 02 43 64 14 14
(Bassins préformés, filtres, pompes, lampes UVC... Club bassin pour les passionnés.) Celloplast a mis en place une ligne spécialisée, Allo Bassin : 08 03 30 63 71, sur laquelle un spécialiste répond à toutes les questions concernant les jardins aquatiques.

Latour Marliac, 47110 Le Temple-sur-Lot.
Tél. 05 53 01 08 05
(Superbe collection de nénuphars, lotus, plantes aquatiques.)

Lepage, rue des Perrins,
49130 Les Ponts de Cé.
Tél. 02 41 44 93 55
(Plantes aquatiques et de berge.)

Oasis, 46, avenue de la Paix,
89000 Saint-Georges-sur-Baulche.
Tél. 03 86 94 23 95
(Vente de matériel spécifique aux bassins, poissons – grand choix de carpes koï–, plantes aquatiques... Parc de loisir avec jardins d'eau à visiter.)

Planbessin, Ferme du Château,
14490 Castillon.
Tél. 02 31 92 56 03
(Plantes aquatiques et de berge.)

Les **jardineries** (Truffaut, Jardiland, Botanic, Gamm Vert, Vilmorin...) et les **grandes surfaces de bricolage** (Castorama, Leroy Merlin, Bricomarché...) proposent également du matériel pour la réalisation des bassins (films d'étanchéité, modèles préformés, feutres, dalles, galets, paniers de plantation, terre aquatique, filtres, pompes...), et des plantes aquatiques.

L'auteur et l'éditeur remercient pour leurs précieux conseils Oasis, Celloplast, Latour Marliac, Aquatique de la Moine.

Crédits photographiques :
Toutes les photos sont de Annette Schreiner, sauf page 35 photos (pompe) de Celloplast.

Dessins : Michel Marin.

Maquette de couverture : Sébastian Mendoza.

Conception graphique et réalisation : Graphic Garage.

ISBN : 2-84038-278-4
N° d'éditeur : 48212
Dépôt légal : mai 1999
Quatrième tirage : juin 2001

Imprimé en France - PPO Graphic, 93500 Pantin - en juin 2001